AF189771

Rena von den hohen Häusern

NUALA HUTHER

RENA

VON DEN HOHEN HÄUSERN

Bibliografische Information der Deutschen Nationalbibliothek:
Die Deutsche Nationalbibliothek verzeichnet diese Publikation in der Deutschen
Nationalbibliografie; detaillierte bibliografische Daten sind im Internet über
http://dnb.dnb.de abrufbar.

© 2017 Nuala Huther

Illustration und Text: Nuala Huther
Layout: Josa Wode

Herstellung und Verlag: BoD – Books on Demand, Norderstedt

ISBN: 978-3-7460-3679-3

Rena ist sechs Jahre alt und
lebt mit ihrem Papa in einer
Hochhaussiedlung. Dort gibt es viele
Häuser, die unvorstellbar riesig sind.
Sie ragen wie lange Duplosteine in
den Himmel.

7

Rena geht noch in den Kindergarten, der in ihrem Viertel ist. Dort trifft sie ihre Freundinnen und Freunde.

Leider wohnen sie alle in anderen Hochhäusern einige Straßen entfernt.

Rena fände es praktisch, Spielkameradinnen auf ihrer Wohnetage zu haben. Die letzten Kinder sind vor Kurzem mit ihren Familien ausgezogen oder sind schon so groß, dass sie nicht mit ihr spielen wollen. Manchmal fühlt sie sich einsam.

Renas Mama ist vor zwei Jahren gestorben. Seitdem ist Papa Matthias anders als früher. Er ist still und macht kaum noch Scherze. Außerdem hat er seine Arbeit verloren. Er sitzt oft vor dem Fernseher und bewegt sich wenig.

Rena würde gerne mit ihrem Papa spielen, nur will er meistens nicht. Er schickt sie zum Spielen raus, aber da sind ja keine Kinder in ihrem Alter mehr. Es gibt zwar ein paar Spiele, die sie gerne alleine macht. Doch irgendwann wird das öde.

Matthias hat früher in einem Laden als Verkäufer gearbeitet. Aber nach dem Tod seiner Frau ist ihm alles egal geworden. Er fühlte sich ganz leer und schwer. So konnte er nicht mehr arbeiten, weil schon das Aufstehen früh morgens zu viel für ihn war. Rena denkt, dass er wieder arbeiten sollte.

Eines Nachmittags, als Rena gerade mit ihren Murmeln im Hausflur spielt, zieht eine große Familie in eine freie Wohnung ein. Es gibt drei Kinder! Rena lächelt und beobachtet, wie Kisten und Kartons hineingetragen werden.

Ein Mädchen bleibt bei Rena stehen. Es heißt Nezafet und ist ungefähr so alt wie sie. Nezafet hat fleißig mitgeholfen, das Umzugsauto leerzuräumen. Jetzt darf sie bei Rena bleiben. Sie hat gleich neue Ideen, was sie mit den Murmeln spielen könnten. Rena ist überglücklich, so unverhofft eine Spielkameradin gefunden zu haben.

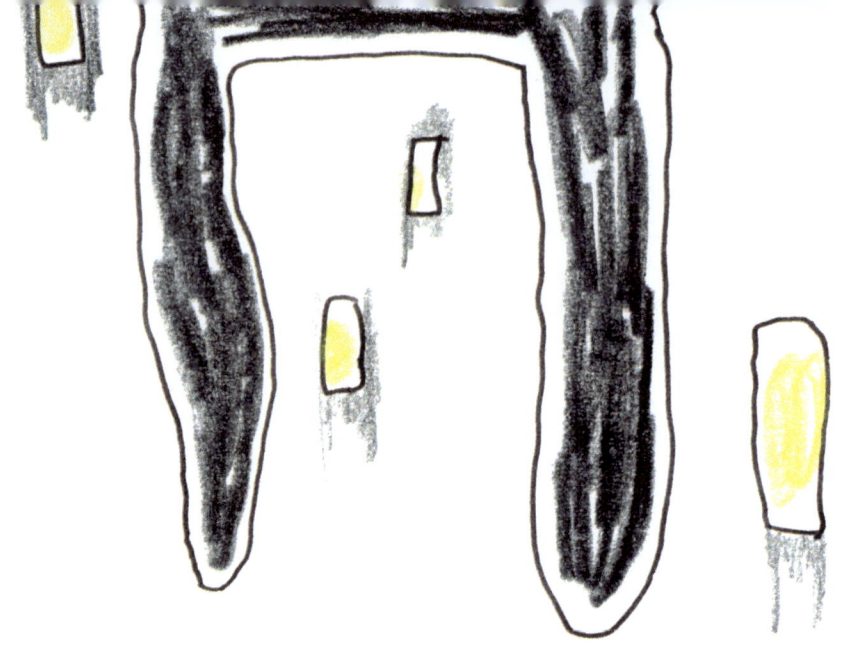

Nezafet und ihre Familie leben
schon lange in der Gegend. Ihre
alte Wohnung ist aber zu klein
geworden, weil Mama Alina bald
ein Baby bekommt. Ihr gehört der
Eisenwarenladen im Viertel.

Sie sucht noch eine Person,
die im Verkauf helfen kann, denn bald
geht Alina ins Geburtshaus.

Rena strahlt am Abend über das ganze Gesicht, dass Papa mit ihr zu Abend isst. „Nezafet hat mir ganz viel gezeigt und wir haben viel gelacht!", erzählt sie. Außerdem berichtet sie von Alinas Eisenwarenladen und der freien Stelle. Matthias hört nachdenklich zu.

Als sie zusammen im Bett kuscheln und Papa noch eine Geschichte vorliest, hat er einen Entschluss gefasst. „Ich will Nezafet und ihre Familie bald kennenlernen. Und vielleicht kann ich mit im Geschäft helfen!" Rena nickt begeistert.

Nezafet ist in einer anderen Kindergartengruppe als Rena, doch früh und nachmittags laufen die beiden zusammen. Sie freuen sich schon, gemeinsam neue Spiele auszuprobieren.

Als Matthias ein paar Tage später bei Familie Önver klingelt, spielen gerade alle Kinder mit einer alten Modelleisenbahn im Wohnzimmer. Alina und Mahir Önver bitten Matthias hinein und unterhalten sich mit ihm. Er fühlt sich wohl und ist erleichtert, weil es hier viel schöner ist als alleine vor dem Fernseher.

Als Alina erfährt, dass Matthias Verkäufer von Beruf ist, fragt sie ihn, ob er für sie arbeiten möchte. Ja, er will! Er schöpft neuen Mut. Er freut sich darauf, etwas Sinnvolles zu machen. Rena sagt später: „Mama wird sich freuen, wenn sie dich vom Himmel aus im Laden stehen sieht." Matthias schluchzt leise und drückt seine Tochter.

Matthias wird von Alina schnell noch eingearbeitet, sodass er alles Wichtige im Laden kennt. Nezafet und Rena schauen interessiert zu.

Schon zwei Tage später kommt das Baby zur Welt!

33

Rena merkt, dass ihr Papa langsam wieder mehr Spaß am Leben hat. Er kann morgens leichter aufstehen und lacht häufiger, so wie früher. Er redet gerne mit Alina und Mahir. Alle drei haben eine Schwäche für Brettspiele. Wenn die Kinder schlafen, sitzen die Erwachsenen gerne zusammen und spielen einige Runden, bevor ein neuer Tag beginnt.

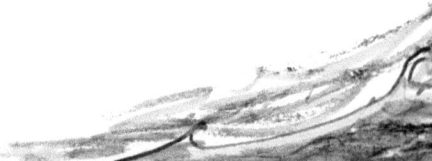

Warum geht es Renas Papa schlecht?

Er war durch den Tod von Renas Mutter so traurig geworden, dass seine Seele schließlich krank wurde. Das ist eine fiese Krankheit, die Depression heißt. Jeder Mensch kann sie bekommen, wenn bestimmte Dinge nicht gut laufen. Sie hat auch viele Erscheinungen und kann sehr schlimm oder nur ein bisschen vorhanden sein. Von außen sieht man es jemandem häufig gar nicht an, ob sie oder er ein „Seelendrücken" hat. Aber Depressionen können mit Medikamenten und Therapien behandelt werden und sich bessern, wenn sich Lebensumstände ändern. Renas Papa Matthias konnte durch Familie Önver und die neue Arbeitsstelle wieder Kraft schöpfen. Wenn es gut für ihn läuft, verschwindet die Depression langsam wieder.